AF498010

PROCÈS

DU

LIEUTENANT-GÉNÉRAL

LEFEBVRE - DESNOUETTES,

PROCÈS

DU

LIEUTENANT-GÉNÉRAL

LEFEBVRE-DESNOUETTES,

COMMANDANT DE LA LÉGION D'HONNEUR, GRAND'CROIX DE L'ORDRE DE LA RÉUNION, CHEVALIER DE SAINT-LOUIS,

CONTUMAX;

Contenant l'Ordonnance du Roi du 24 juillet 1815, la séance du Conseil de guerre permanent de la 1ʳᵉ division militaire, les pièces du procès, la lettre du général Lefebvre-Desnouettes à S. Exc. le ministre de la guerre, les conclusions du rapporteur, et le jugement qui le condamne à la peine de mort;

Précédé d'une Notice historique sur ce Général.

A PARIS,

Chez
{
PLANCHER, Éditeur de la Collection générale des Procès jugés en vertu de l'Ordonnance du Roi du 24 juillet 1815, rue Serpente, n°. 14;
EYMERY, Libraire, rue Mazarine, n°. 30;
DELAUNAY, Libraire, au Palais Royal.
}

1816.

NOTICE HISTORIQUE.

Lefebvre-Desnouettes (le comte), lieutenant-général , commandant de la Légion d'honneur, grand'croix de l'ordre de la Réunion, chevalier de Saint-Louis , était colonel du 18ᵉ. régiment de dragons dans la campagne de 1805 : il mérita, pour sa belle conduite à la bataille d'Auster-litz , la croix de commandant de la Légion d'hon-neur et le grade de général de brigade. Il fut ensuite employé en Espagne , où, dans un affaire d'arrière-garde , en janvier 1808 , il fut blessé et fait prisonnier après une vigoureuse résis-tance. C'est à cette occasion qu'il fut tout à la-fois loué et blâmé de sa conduite militaire , parce qu'il s'était laissé emporter à tout le feu de son bouillant courage. Il n'en obtint pas moins le grade de général de division , le 28 août 1808 , pour s'être distingué après son échange. Il fut ensuite chargé de réduire la province de Saragosse, et il investit cette place après avoir plusieurs fois battu les insurgés commandés par Castanos. Il commandait les chasseurs à cheval de la garde dans la campagne de 1809 contre l'Autriche, et y soutint sa réputation. On le revit, en août 1811, cueillir de nouveaux lauriers au siége de Figuères; passer delà en Russie, où il mérita le grand cordon de l'ordre de la Réunion, et se faire encore citer, dans la campagne de 1813, aux batailles de Lutzen et de Bautzen, et pour l'attaque des montagnes de Georgenthal, dont il s'empara de vive force.

Moins heureux à Ottenbourg, il fut battu par l'hetman Platow et le général saxon Thielmann, le 28 septembre; mais il s'en vengea à l'affaire de Brienne, où il se distingua d'une manière toute particulière, et y fut même blessé d'un coup de bayonnette. Ce fut lui qui commanda l'escorte qui conduisit Bonaparte à l'île d'Elbe. A son retour de cette expédition, il fut nommé par le Roi chevalier de Saint-Louis; ce qui ne l'empêcha pas, au commencement de 1815, de marcher sur Paris avec les garnisons des places du nord:

mais voulant, chemin faisant, s'emparer de La Fère, son coup fut déjoué par la fermeté d'Aboville, ce qui le détermina à aller à toute bride rejoindre Bonaparte, qu'il suivit dans sa campagne de trois jours, avec son courage ordinaire. Il a également été nommé pair de la Chambre créée par l'usurpateur ; puis compris dans l'Ordonnance du Roi du 24 juillet, qui ordonne sa traduction devant un conseil de guerre. Il a jusqu'à présent échappé aux poursuites et aux recherches dirigées contre lui.

ORDONNANCE DU ROI.

Au château des Tuileries, le 24 juillet 1815.

LOUIS, par la grâce de Dieu, Roi de France et de Navarre,

Voulant, par la punition d'une attentat sans exemple, mais en graduant la peine et limitant le nombre des coupables, concilier l'intérêt de nos peuples, la dignité de notre couronne et la tranquillité de l'Europe, avec ce que nous devons à la justice et à l'entière sécurité de tous les autres citoyens sans distinction,

Avons déclaré et déclarons, ordonné et ordonnons ce qui suit :

ART. 1er. Les généraux et officiers qui ont trahi le Roi avant le 23 mars, ou qui ont attaqué la France et le gouvernement à main armée, et ceux qui, par violence, se sont emparés du pouvoir, seront arrêtés et traduits devant les conseils de guerre compétens, dans leurs divisions respectives ; savoir :

Ney, Labédoyère, les deux frères Lallemant, Drouet-d'Erlon, Lefebvre-Desnouettes, Ameilh, Brayer, Gilly, Mouton-Duvernet, Grouchy, Clausel, Laborde, Debelle, Bertrand, Drouot, Cambronne, Lavalette, Rovigo.

PROCÈS

DU LIEUTENANT-GÉNÉRAL

LEFEBVRE-DESNOUETTES,

CONTUMAX.

2e. CONSEIL DE GUERRE PERMANENT DE LA
1re. DIVISION MILITAIRE.

Séance du 11 *mai* 1816.

L E coneil entre en séance à 11 heures; il est composé de la manière suivante :

Président : Le lieutenant-général Vallée, membre
du comité central d'artillerie et inspecteur général de
cette arme. *Juges* : Les lieutenans-généraux Haxo,
employé au service du génie; Carbonnel, membre du
comité d'artillerie; le colonel d'état-major de Courteilles; le chef d'escadron d'état-major Descler; les
capitaine-major Montjai et Dampmartin. *Procureur
du roi* : Capitaine d'état-major de Salgues. *Rapporteur* :
Le chef de bataillon Viotti. *Greffier :* M Asseline.

Après la lecture des lettres du général Despinois,
pour la nomination et convocation du conseil, M. le
rapporteur a la parole.

Il donne lecture de diverses lettres, dans lesquelles
il est expliqué que les pièces de la procédure instruite
avant le 20 mars 1815, contre le général Lefebvre
Desnouettes, ont été brûlées par le comte de Lobau,

commandant la première division pendant l'inter-
règne ; qu'il a recommencé l'instruction, et que le dos-
sier se compose d'une déposition de M. Laîné, major
des chasseurs de Berri ; d'une déclaration de M. le général d'Aboville, commandant de La Fère, et d'une
lettre du général Lefebvre-Desnouettes, adressée dans
le temps au prince d'Eckmulh.

Suit la lecture de l'ordonnance de déchéance et
des notifications au dernier domicile du général.

M. Laîné a déposé, le 2 janvier dernier, comme il
suit :

« J'étais major du régiment de chasseurs à cheval
du duc de Berri à l'époque de mars 1815. Je résidais
à Compiègne, où était le régiment en garnison. Le 11
de ce mois, vers six heures du matin, le colonel Lal-
louette, commandant le régiment, me fit prévenir
que la garde, qui était révoltée, marchait sur Compiègne. Je me portai aussitôt au quartier, où je criai :
Aux armes ! aux armes ! et je fis sonner la générale.
Au même moment arriva l'aide-de-camp du général
Lefebvre-Desnouettes, accompagné de deux mameloucks, armés jusqu'aux dents. J'étais à la porte du
quartier, tenant la barrière fermée ; j'étais seul, les
hommes de garde ayant été brider leurs chevaux. Je
demandai à cet officier ce qu'il voulait ; il me supplia
de le laisser entrer dans le quartier, où se trouvaient
plusieurs de ses anciens camarades qu'il voulait faire
allier à la garde. Je lui déclarai que s'il avançait je le
ferais tuer ; alors il fit un demi-tour et s'en retourna
au galop, ainsi que ceux qui l'accompagnaient. Deux
autres officiers de la garde arrivèrent un instant après
le départ de ceux-ci. Ils s'annoncèrent comme venant
de la part du chef de l'état-major de la garde, pour
entrer au quartier et voir leurs anciens camarades.
L'un d'eux s'avança pour passer devant moi, et gagner

l'ouverture de la porte, que je tenais fermée. C'est alors que je portai un coup de poing à l'un de ces derniers, car j'étais sans armes, en criant : *A moi, chasseurs de Berri !* A ce cri ces deux officiers prirent la fuite. Peu de temps après revint le premier aide-de-camp, toujours accompagné de deux mameloucks ; j'étais alors à cheval et armé ; il me dit que si je ne me rendais pas, le général Desnouettes me ferait pendre pour avoir battu l'un de ses gardes, ce qui fait supposer que ce général n'était pas loin du quartier. Je répondis : « Dites au général que s'il me fait son pri-
» sonnier je lui demande l'honneur d'être fusillé, et
» que s'il tombe entre mes mains, il subira le même
» sort. » Cet officier alors se retira. Pendant que ce régiment se ralliait, un autre officier arriva, prétendant aussi avoir des connaissances parmi les officiers du régiment. Je lui refusai également l'entrée de la caserne. Il m'invita à me rendre chez le chef d'état-major de la garde. Je refusai, en lui donnant l'assurance que sous peu de minutes j'irais avec le régiment, qui était tout au Roi : il se retira. J'envoyai de suite prévenir le colonel que son régiment était presque réuni, et que tous les soldats paraissaient être décidés à ne point nous abandonner. Il arriva sur-le-champ et s'assura du bon esprit qui régnait dans sa troupe. Tous promirent de nous obéir et de ne point nous quitter, particulièrement les grenadiers. Nous commençâmes notre mouvement de retraite, ce qui me surprit, car nous étions en mesure ; cependant je dois dire que nous n'avions presque pas de munitions, malgré les demandes réitérées que j'avais faites à M. le général commandant la subdivision à Beauvais. Enfin, nous défilâmes devant le château de Compiègne, en gagnant la forêt, afin d'éviter la grande route, sur laquelle nous étions déja coupés par la troupe révoltée qui s'y

était portée avec de l'artillerie, mais aussi sans munitions. Nous arrivâmes le soir à Senlis, où nous ne fîmes
que passer, et nous continuâmes notre route sur la capitale. Le colonel se porta en avant et me laissa le commandement du régiment. Je vins prendre position au
Bourget, en marchant presque toute la nuit, et j'y
attendis de nouveaux ordres. Après y avoir passé vingt-
quatre heures, j'en reçus un de reconduire le régiment à Compiègne, d'où les révoltés étaient partis.
J'arrivai dans cette ville en deux marches. J'y appris
qu'on avait mis en liberté trois hommes que j'avais
fait mettre au cachot avant mon départ : l'un deux
était soupçonné d'espionnage ; je l'avais fait arrêter
comme venant de l'île d'Elbe, sous le titre de maré-
chal-des-logis et de légionnaire ; il n'était ni l'un ni
l'autre, mais bien un agent de l'usurpateur. J'avais, à
cette époque, transmis au ministre de la guerre toutes
les pièces qui le concernait, ainsi que les autres pièces relatives aux deux autres individus. Toutes ces
pièces doivent être au ministère de la guerre, ainsi
qu'une demande que je fis pour les faire juger dans
trois jours ».

La deuxième pièce est une déclaration de M. le général d'Aboville, commandant à La Fère, dont voici
la copie :

« Le 9 mars 1815, dit-il, le régiment des chasseurs
royaux, ayant à sa tête Lefebvre-Desnouettes, arriva
à La Fère vers 9 heures du soir, étant parti le matin
de Cambrai. Il n'en fut informé qu'à dix heures, par
le chef de bataillon Cantobre, commandant la place,
duquel j'appris que le mouvement ne se faisait que
par ordre du comte d'Erlon. Ce corps ayant fait partie de la garde impériale, sa marche précipitée ne
s'exécutait pas d'après les ordres du ministre ; et ayant
appris le débarquement de Bonaparte, je conçus de

vraies inquiétudes, qui me déterminèrent à écrire sur-le-champ au général Lallemand, commandant le département. Il ne me répondit point; mais dans la nuit, le chef de bataillon Cantobre m'apporta une lettre que lui écrivait le général Lallemand, par laquelle il le prévenait que le régiment des chasseurs de Berri et un bataillon d'infanterie devaient passer à La Fère, qu'il eût à leur faire donner des vivres et le logement. Cet avis, donné par la voie hiérarchique ordinaire (il ne recevait d'ordres écrits du ministre que pour ce qui avait rapport au ministère), me tranquillisa.

Le 10, entre 8 et 9 heures du matin, le major Pion, commandant le 2ᵉ. régiment, entre chez moi, et me dit que le but de l'arrivée subite des chasseurs était de s'emparer de l'arsenal, de corrompre les canonniers pour marcher sur Paris avec des troupes qui devaient se réunir à eux, venant des garnisons de la Flandre, et, part ce mouvement, faire une diversion en faveur de Bonaparte.

Je fis de suite passer chez moi le directeur de l'arsenal et tous les officiers supérieurs. Leur ayant fait part des projets des révoltés, je les trouvai tous on ne peut plus disposés à me seconder pour faire échouer cette entreprise ; et d'un commun accord, il fut convenu que le meilleur parti était d'arrêter les généreaux Lefébvre-Desnouettes, Lallemand, et autres chefs des chasseurs. J'ordonnai que l'on rassemblât sur-le-champ le régiment d'artillerie et l'escadron du train.

Pendant qu'il se réunissait, l'on me rendit compte qu'un bataillon d'infanterie entrait en ville; alors je changeai de projet, calculant que les chasseurs et l'infanterie opposeraient sans doute de la résistance à l'arrestation de leurs chefs; que si des cannoniers refusaient de se battre, les révoltés pourraient avoir l'avantage et remplir leur but, celui de s'emparer de l'arsenal. Je me rendis sur la place des casernes, où la majeure partie du 2ᵉ. régiment d'artillerie était déjà réunie. Le général Lallemand, de l'artillerie, parut en uniforme, fit quelques pas sur la place, se dirigeant vers la caserne, mais rétrograda immédiatement; sans doute quand il reconnut que j'étais avec les chefs à la tête de la troupe. Je fis former trois détachemens de deux cents hommes chacun, étant commandé par un chef de bataillon. Je les renvoyai par des rues détournées, un à l'arsenal, et un à chacune des deux principales portes de la ville, avec ordre de les fermer, et de ne laisser entrer ni sortir qui que ce fût sans mon autorisation, et de repousser la force par la force, en m'en donnant avis sur-le-champ. Je restai sur la place des casernes avec environ deux cents canonniers et autaut de soldats du train, pouvant me porter promptement au secours du détachement qui en aurait besoin en cas d'attaque. Je fis mettre en batterie, sur la place des casernes, huit bouches à feu, dirigées vers les rues qui aboutissaient à la place. Je fis venir des munitions de l'arsenal ; j'envoyai des cartouches aux détachemens qui étaient aux portes.

Pendant ce tems, les chasseurs royaux se réunissaient, ainsi que l'infanterie qui était dispersée dans la ville, ayant reçu des billets de logement dès leur arrivée. Peu après ces dispositions, le général Lefebvre-Desnouettes me fit prier de passer chez lui ; sur ma réponse négative, le général Lallemand, commandant le département, que l'on venait de dire être entré en ville peu avant la fermeture des portes, me fit engager à me rendre chez moi, où il m'attendait, pour me communiquer des choses fort importantes. Ma réponse fut la même qu'au général Lefebvre-Desnouettes. Ce dernier me fit alors demander ce qui pouvait déterminer les mesures qu'il savait que je prenais ? pourquoi j'avais fait fermer les portes de la ville ? et m'engageait à les faire ouvrir à un escadron qui devait se réunir à lui pour continuer sa marche. Effectivement l'on venait de me rendre compte que cette troupe était à l'une des portes. Je lui fis répondre qu'aucune nouvelle troupe n'entrerait dans la ville; que j'étais informé que l'on voulait s'emparer de l'arsenal, mais que j'étais en mesure de m'y opposer vigoureusement. Alors il me fit demander de laisser sortir les troupes qui étaient en ville. J'y consentis volontiers, dans l'incertitude de la réussite d'une affaire dans la ville, et sachant que lors de la distribution des cartouches, des canonniers avaient dit qu'ils n'en feraient point usage contre leurs camarades. Je donnai ordre de laisser sortir les troupes par la porte opposée à celle où était en dehors un escadron.

Arrivé à la porte, le général Lefebvre-Desnouettes, ayant près de lui les deux généraux Lallemand, fit d'abord sortir l'infanterie, puis arrêta les chasseurs, harangua les deux cents canonniers pour les engager à le suivre; aucun n'y paraissant disposé, le général Lallemand, de l'artillerie, prit la parole et finit par leur demander s'ils le reconnaissaient pour général d'artillerie; sur la réponse positive de quelques-uns, il mit l'épée à la main et leur commanda : *Par le flanc droit, à droite.* Plusieurs obéirent. Alors le chef de bataillon Bosquet, qui commandait ce détachement, d'un ton ferme, ordonna aux canonniers de n'obéir qu'à son commandement et de faire face. La troupe se remit en ordre. Le général Lallemand, de l'artillerie, accabla d'invectives cet officier supérieur, engagea de nouveau les canonniers à le suivre. Le général Lefebvre-Desnouettes fit en même temps reprendre la marche à sa troupe , qui quitta la ville en criant *vive l'empereur* ! Un seul cannonier les suivit.

Ce ne fut qu'à une demi-lieue de la ville , sur la route de Paris , que cette troupe révoltée arbora la cocarde tricolore , après avoir jeté leurs cocardes blanches et les décorations de Saint-Louis et du lis.

Le major Pion avait été informé du projet par les chefs de bataillon du 2e. régiment d'artillerie, Bonafou et Broquet, chez lequel le général Lallemand, de l'artillerie , s'était rendu vers sept heures et demie du matin, pour leur faire part d'une partie du projet des conjurés, engageant ces deux officiers supérieurs à les seconder. Ils se rendirent aussitôt chez leur chef, le major Pion, dont ils connaissaient la bonne façon de penser, et son grand attachement au Roi.

La troupe , sous les ordres de Lefebvre - Desnouettes, s'empara , à la sortie et près de la ville de La Fère , et emmena jusqu'à Compiègne , un convoi de bouches à feu , dirigé de Vincennes sur l'arsénal de La Fère.

Copie de la lettre du général Desnouettes au ministre de la guerre.

Paris , le 14 avril.

» Monseigneur,

» Il est à ma connaissance que, depuis long-tems, le général Rigaud s'occupait avec nous des moyens de seconder le retour de S. M. ; ce brave général a nécessairement été induit à de fortes dépenses, soit pour se ménager des intelligences sur plusieurs points , soit pour s'assurer de l'esprit des troupes et des personnes indispensables à l'exécution du projet.

» Le général Rigaud est un père de famille, et sa fortune ne lui permet pas de faire un si grand sacrifice. Je supplie votre excellence de le couvrir de ses dépenses.

» J'ai l'honneur, etc.

» *Signé* LEFEBVRE-DESNOUETTES. »

M. le rapporteur a ensuite fait son rapport en ces termes :

» Messieurs,

» Il n'est point de bon Français qui, au souvenir de la félonie du général Lefebvre-Desnouettes, puisse se défendre d'un sentiment de honte et d'indignation. Dans cet épisode de nos derniers désastres, nous avons vu un de nos compatriotes voiler sa perfidie de l'apparence de la fidélité et de la franchise, et soutenir ce rôle ignoble jusqu'au moment où le signal de l'action lui fût donné. Nous avons vu un général que l'armée comptait parmi ses preux, violer des sermens solonnellement faits, fouler aux pieds les devoirs les plus saints, et sacrifier son Roi et sa patrie à l'espoir de quelque nouvelle dignité.

» S. M. avait conservé à l'accusé le commendement d'un des plus beaux corps d'élite de l'armée. Le général Lefébvre-Desnouettes trafique de ce régiment avec les conspirateurs, et veut en faire un instrument de ruine contre le gouvernement et la capitale.

» Le général Lefébvre-Desnouettes s'est soustrait à l'action des tribunaux ; cet officier-général est contumax.

» Je vous ai donné connaissance, messieurs, des diligences que j'avais faites pour me procureur les rapports officiels qui furent adressés aux premières autorités, sur le détail qui, aujourd'hui est soumis à votre examen. Il vous a fait connaître que, suivant les réponses officielles qui sont déposées sur votre bureau, toutes les pièces relatives à l'accusé durent être brûlées, il y a un an, dans les bureaux de l'état-major-général. C'est donc sur les déclarations que j'ai recuellies que vous baserez votre jugement. Ces déclarations sont péremptoires; elles sont d'accord avec la notoriété publique. Il paraît que l'accusé a quitté Paris peu après la nouvelle du débarquement de Bonaparte, et qu'il alla joindre son régiment en Flandre.

» Il trouva le moyen, quoique dépourvu d'ordre et d'autorisation, de lui faire quitter sa garnison; il le dirigea vers la capitale. L'accusé se proposait de débaucher les autres corps qui se trouveraient sur cette route, et avec toutes ces forces, de se rendre maître de Paris et des Tuileries. Des fidèles serviteurs déjouèrent ce projet sacrilège.

» Lefebvre-Desnouettes, secondé des deux frères Lallemand, entra à La Fère le 10 mars; il voulait se rendre maître de l'arsenal de cette ville et de la troupe qui en formait la garnison. Ses ruses, ses suggestions et son audace échouèrent devant les sages dispositions que prit à temps M. le maréchal-de-camp d'Aboville. Le lendemain matin, 11 mars, l'accusé était aux portes de la caserne des chasseurs de Berri, à Compiègne; il comptait tromper la vigilance des chefs de ce régiment, se mettre en contact direct avec les chasseurs, et déterminer ceux-ci à le suivre. Il se méprit encore une fois: le major du régiment de Berri venait d'être informé du danger que courait le service du Roi; les officiers de Desnouettes le trouvent à la grille extérieur du quartier, qu'ils allaient se faire ouvrir. Seul et sans armes, il leur résiste, les repousse et leur en impose. C'est inutilement qu'au nom de leur général ils le menacent du suplice : *Si je succombe*, leur dit-il, *votre général peut me faire fusiller, je lui ferais subir le même sort s'il tombait entre mes mains*

» Pendant cette résistance de M. le major Laîné, les chasseurs de Berri s'étaient mis sous les armes; l'accusé les aperçut rangés en bataille avec les officiers; dès-lors il lui fallut renoncer à sa criminelle entreprise. Le bel exemple que venait de donner le régiment de Berri ne fut pas sans influence sur la troupe du général Desnouettes, déjà réfroidie par l'échec de la veille. Cette troupe reconnut le péril dans lequel l'accusé l'antraînait ; elle renonça à seconder sa trahison et l'abandonna.

» La fuite devint la seule voie de salut de l'accusé. Ce général s'éloigna de Compiègne sous des habits empruntés, et il alla chercher et trouva un asile chez le général Rigaud, autre agent de la conspiration. Il était chez ce dernier lorsque Buonaparte arriva à Paris; et c'est à la trahison de Rigaud qu'il rend hommage, lorsqu'il s'exprimait de la manière suivante, dans une lettre écrite au prince d'Ekmulh, le 14 avril 1815 : « Il s'occupait avec nous des moyens de se-
» conder l'empereur; ce brave général s'était ménagé
» des intelligences sur plusieurs points, pour s'assurer
» de l'esprit des troupes et des personnes indispen-
» sables à l'exécution du projet. »

Je conclus à ce que Charles Lefebvre-Desnouettes, lieutenant-général, soit déclaré coupable,

1°. D'avoir, dans l'intention de renverser le gouvernement légitime, mis en mouvement, de la Flandre sur Paris, le corps des chasseurs royaux don il était colonel;

2°. D'avoir tenté d'ébranler la fidélité des troupes stationnées à La Fère et à Compiègne; et tenté en outre de s'emparer du dépôt d'artillerie de la première de ces deux villes, délits auxquels s'applique l'article 1er. du titre 3 de la loi du 21 brumaire an 5, et les articles 87 et 96 du code pénal ordinaire.

Je demande en outre l'impression du jugement à 500 exemplaires.

Le conseil se retire pour délibérer à midi et demi.

Le conseil est rentré dans la salle d'audience à trois

heures; M. le président a donné lecture du jugement en ces termes :

Le conseil, délibérant à huis-clos, seulement en présence de M. le procureur du Roi, M. le président a posé les questions ainsi qu'il suit :

Le lieutenant-général Lefebvre-Desnouettes, absent et contumace, accusé, 1°. d'avoir, dans l'intention de renverser le gouvernement royal, fait marcher sur La Fère le corps de chasseur royaux qu'il commandait; 2°. d'avoir tanté d'ébranler la fidélité des troupes stationnées à La Fère; 3°. d'avoir voulu s'emparer du dépôt d'artillerie de La Fère, est-il coupables ?

Les voix recueillies, en commençant par le grade inférieur, M. le président ayant émis son opinion le dernier, le conseil a déclaré à l'unanimité sur les deux premières questions, *oui*, l'accusé est coupable; et sur la troisième question, à la réunion suffisante de trois voix, *non*, l'accusé n'est pas coupable.

Sur quoi, M. le procureur du roi a fait son réquisitoire pour l'application de la peine.

Les voix recueillies de nouveaux, dans la forme indiquée ci-dessus, le conseil condamne à l'unanimité le lieutenant-général Lefebvre - Desnouettes à la peine de mort.

www.ingramcontent.com/pod-product-compliance
Lightning Source LLC
LaVergne TN
LVHW051341200726
843510LV00002B/747